Tsvetanka Shopova

Théra'poésie

Tsvetanka Shopova

Théra'poésie

Une thérapie tout en conscience et poésies

Éditions Vie

Impressum / Mentions légales

Bibliografische Information der Deutschen Nationalbibliothek: Die Deutsche Nationalbibliothek verzeichnet diese Publikation in der Deutschen Nationalbibliografie; detaillierte bibliografische Daten sind im Internet über http://dnb.d-nb.de abrufbar.
Alle in diesem Buch genannten Marken und Produktnamen unterliegen warenzeichen-, marken- oder patentrechtlichem Schutz bzw. sind Warenzeichen oder eingetragene Warenzeichen der jeweiligen Inhaber. Die Wiedergabe von Marken, Produktnamen, Gebrauchsnamen, Handelsnamen, Warenbezeichnungen u.s.w. in diesem Werk berechtigt auch ohne besondere Kennzeichnung nicht zu der Annahme, dass solche Namen im Sinne der Warenzeichen- und Markenschutzgesetzgebung als frei zu betrachten wären und daher von jedermann benutzt werden dürften.

Information bibliographique publiée par la Deutsche Nationalbibliothek: La Deutsche Nationalbibliothek inscrit cette publication à la Deutsche Nationalbibliografie; des données bibliographiques détaillées sont disponibles sur internet à l'adresse http://dnb.d-nb.de.
Toutes marques et noms de produits mentionnés dans ce livre demeurent sous la protection des marques, des marques déposées et des brevets, et sont des marques ou des marques déposées de leurs détenteurs respectifs. L'utilisation des marques, noms de produits, noms communs, noms commerciaux, descriptions de produits, etc, même sans qu'ils soient mentionnés de façon particulière dans ce livre ne signifie en aucune façon que ces noms peuvent être utilisés sans restriction à l'égard de la législation pour la protection des marques et des marques déposées et pourraient donc être utilisés par quiconque.

Coverbild / Photo de couverture: www.ingimage.com

Verlag / Editeur:
Éditions universitaires européennes
ist ein Imprint der / est une marque déposée de
OmniScriptum GmbH & Co. KG
Heinrich-Böcking-Str. 6-8, 66121 Saarbrücken, Deutschland / Allemagne
Email: info@editions-ue.com

Herstellung: siehe letzte Seite /
Impression: voir la dernière page
ISBN: 978-3-639-62220-1

Théra'poésie

Une thérapie tout en conscience et poésies

Un regard guérisseur vers Soi et son monde intérieur

Recueil de textes et de poèmes à découvrir par la lecture intuitive

Tsvetanka Shopova
Écrivaine & Sophro-Analyste

Laissez-vous inspirer par les messages des textes proposés.

Ils vous invitent à réfléchir sur vos problématiques du moment, conscientes ou inconscientes, afin de trouver des solutions adaptées à vos besoins, ainsi que la force d'aller de l'avant.

Sommaire

A mes lecteurs

Lorsque j'écris des poèmes ou des textes, je suis traversée par différentes émotions et j'en ressens chaque mot. L'écriture m'aide, au quotidien, à verbaliser et à transmettre ce que je ressens au plus profond de mon être intérieur, ce qui m'est guérisseur.

A travers ce livre, je souhaite partager avec vous mon cheminement personnel en vous offrant mes émotions et mes perceptions sur la vie et l'existence humaine.

Cet ouvrage vous portera et vous encouragera à aller toujours plus loin dans l'expression et la réalisation de votre être véritable.

Je souhaite, qu'au travers ces pages, ce livre vous souffle la confiance et l'amour dont vous avez besoin pour reconnaître la personne unique et précieuse que vous êtes, pour enfin vivre pleinement votre vie.

En parallèle de l'écriture, je suis sophro-analyste, diplômée de l'IESA de Paris et j'accompagne quotidiennement des personnes en séance dans mon cabinet à Paris.

Mais qu'est-ce que la Sophro-Analyse me direz-vous ?

La Sophro-Analyse est un processus de réalisation de Soi qui signe l'union des voies orientales (méditation-relaxation) et des voies occidentales (psychothérapie - psychanalyse).

A vous maintenant de découvrir la « Théra'poésie ».

Bonne lecture,

Chaleureusement,
Tsvetanka Shopova

Un mot sur la vie de l'auteur

La vie est une incroyable aventure pleine de rebondissements.
C'est l'âge de 18 ans que je quitte la Bulgarie, mon pays natal, pour m'installer à Paris. Ne parlant pas le français, je m'inscris à la Sorbonne en cours conçus pour étudiants étrangers, tout en faisant des petits jobs afin de subvenir à mes besoins. Quelques années plus tard, c'est dans l'informatique que j'occupe un poste de commerciale. Certes, c'est une expérience positive et enrichissante mais très vite, force est de constater que je ne partage pas les valeurs *des sociétés modernes.* Il n'y a là aucune place pour l'humain et l'empathie dans les relations professionnelles et hiérarchiques…. Je sens alors grandir en moi un mal-être; je ne me sens plus à ma place. Je dois agir et me réveiller !

Depuis l'adolescence, je me passionne pour la littérature humaniste, la psychologie et la spiritualité. Ce sont ces lectures, les différentes façons de penser et d'appréhender la vie qui m'ont permis d'affronter certaines épreuves difficiles de ma vie d'émigrée et de me préserver.

A l'approche de la trentaine, c'est décidé : je ne veux plus lutter contre ma nature sensible et emphatique ! Une grande décision s'impose à moi. Je vais suivre mon instinct pour aller à la rencontre de moi-même, de cette nature profonde emplie de sensibilité que j'étouffe depuis tant d'années.

La vie ne voulant que le meilleur pour chacun d'entre nous, elle me conduit sur le chemin de la sophro-analyse. Plus qu'une thérapie, elle reste encore aujourd'hui, pour moi, un processus de transformation de mon être intérieur. Je suis donc la formation diplômante à l'IESA de Paris, dirigé par Gaëlle de Gabriac et Benjamin Tournier, que je remercie tout particulièrement pour leur professionnalisme, leur enseignement et leur qualité d'Etre. C'est au cours de ce cursus que je prends conscience du droit de réaliser mes rêves les plus profonds et de m'épanouir en suivant ma propre destinée.

En 2012, je m'installe comme sophro-analyste et j'ouvre mon cabinet à Paris.

Depuis, j'ai le plaisir d'accompagner des personnes qui souhaitent aller mieux ou tout simplement retrouver leur véritable nature.

Ma curiosité envers la vie et ses ressources sont omniprésentes et je cultive mon autre passion qu'est l'écriture.

Je tiens à remercier ma famille, mon compagnon de vie ainsi que toutes les personnes qui ont croisé ma route, y laissant une empreinte positive.

Que sommes-nous ?

Que sommes-nous ?

Qu'est-ce que la vie ?

Qu'est-ce que la mort ?

Vivre et mourir,
Aimer et ressentir,

Admirer la vie,
C'est aimer chaque instant.

Ressentir la vie,

C'est respirer la vie.

Inspirer la lumière,
C'est s'inspirer de la lumière et du ciel.

Respecter la Terre,
C'est se respecter soi-même.

Dire *« je t'aime »*,
C'est dire *« je m'aime »*.

Pardonner quelqu'un,
C'est se pardonner soi-même.

Vivre librement,
C'est s'accorder sa propre liberté.

Respirer,
C'est se relier à Soi et aux autres.

Partager,
C'est partager l'air avec les autres et être en lien avec la Terre entière.

Expirer,
C'est se relâcher.
Se relâcher,
C'est de se détendre.

Se détendre,
C'est se sentir.
Se sentir,
C'est se sentir vivant.

Chaque vie a toujours une fin.

A chaque inspiration, une expiration.

A l'inspiration, nous naissons,

A l'expiration nous mourrons.

Qu'est-ce que la vie ? Qu'est-ce que la mort ?

A chaque instant, nous mourrons pour renaître différemment.

Apprécier la vie, c'est aimer la vie telle qu'elle est, ici et maintenant, à cet instant précis.
A chacun sa vie et à chacun sa mort.

Qui vit ?
Un corps physique.
Qui meurt ?
Le corps physique.

Qu'est-ce qui vit pour toujours ?
La vie, l'énergie, la lumière...

Et que sommes-nous ?
Un corps physique empli de lumière et d'énergies...
Alors, à nous de vivre et de savoir vivre,
Pour mieux mourir à chaque instant de notre vie.

Créateur de vie

Soyons le créateur de notre vie car elle nous est précieuse !

Nombreuses sont les personnes qui espèrent changer,

Nombreuses sont celles qui souhaitent changer.

Nous attendons souvent que le changement se produise grâce à des phénomènes extérieurs sans jamais nous impliquer ; notre posture reste alors passive.

Pourtant, il s'avère que le processus de changement n'est possible que si nous le décidons au plus profond de nous-même. Nous modifions alors notre croyance limitante en se détachant du passé pour enfin pouvoir cultiver de nouvelles pensées positives. Enfin… nous sommes sur la voie du changement que nous avons décidé! Alors prenons maintenant la responsabilité, en pleine conscience, de continuer de la cultiver.

N'oublions jamais que le monde ne changera jamais ; seuls notre regard et la perception de ce monde changent et évoluent en permanence.

Alors, soyons actifs et non pas passifs face à ce changement.

Créons notre nouvelle réalité.

Devenons le créateur de notre vie !

L'instant présent et la peur de l'inconnu

A chaque instant, nous quittons un passé,
A chaque instant, nous quittons un souvenir,
A chaque instant, nous vivons un deuil.

Le deuil de ce qui a été,

Le deuil d'un moment passé,

Le deuil de ce qui a été vécu
Et qui reste pour toujours derrière nous.

Qu'est-ce que le présent alors?

Un moment qui a une part d'inconnu,
Un moment surprenant et
nouveau,
Un moment de présence à Soi,
Un moment de lien avec Soi et les autres.

Pourquoi l'inconnu nous fait-il si peur ?

Pourquoi nous est-il si difficile de vivre le présent?

Enfermé dans un monde de souvenirs passés,
Nous restons bloqués dans notre évolution personnelle et
notre croissance naturelle.

Etant dans la difficulté d'apprécier le moment présent,
Nous craignons l'avenir,
Nous doutons, cogitons, nous nous interrogeons,
Des souvenirs douloureux envahissent notre futur.
Agir devient alors difficile

Et nos réactions se calquent sur nos souvenirs.

Afin de pouvoir regarder et vivre le présent, il nous faut un
certain entrainement, une certaine vigilance...

Face à ce qui se passe en nous mais aussi face à nos émotions et
nos sentiments,

Positionnons-nous un instant tel un observateur neutre et bienveillant.

Prenons un peu de recul sur notre quotidien, nos histoires et sur nos
pensées qui ne cessent jamais de jaillir.

Respirons profondément et en conscience.
Détendons-nous un moment.

A cet instant, la peur de l'inconnu disparait
A cet instant, nous sommes présents à la vie.
Éveillons-nous à notre vraie nature.
Créons notre vie à la hauteur de nos
aspirations profondes,

En nous accordant des pauses de
silence et de présence à Soi,
Ainsi qu'à la vie qui nous entoure!

Développons notre capacité à nous réjouir !

Soyons créatifs et sourions à la vie !

Elle est tout simplement merveilleuse…

Etre dans l'attente

Etre dans l'attente d'une meilleure vie...

Etre dans l'attente d'un meilleur travail...

Etre dans l'attente d'un amour pur et délicat...

C'est épuisant !

Que faire dans cette attente permanente avec pour seul espoir que les choses changent,

Que la vie nous sourit ?

Que l'amoureux se décide enfin?

Comme il est fatigant de toujours espérer et attendre…

Comme il est frustrant de constater que la vie ne nous apporte pas ce que nous désirons ou espérons.

Mais si la vie avait d'autres projets pour nous ?

Et si la vie nous guidait déjà sur un autre chemin, petit à petit, malgré nos résistances endurcies?

Et si elle savait ce qui est le meilleur pour nous?

Ecoutons cette petite voix en nous, discrète mais si rassurante.

Elle essaie de nous dire que tout va bien, qu'il faut lui faire confiance…

Qu'elle a déjà tout prévu pour nous...

Etre à l'écoute de soi-même et vivre dans l'instant présent,
nous apporte déjà la paix intérieure ...

Pourquoi vivre dans le futur alors qu'il n'est pas encore là ?

Pourquoi se priver du plaisir de vivre ici et maintenant ?

Toute la vérité est là, en nous, dans le présent.

Tout se décide à cet instant

Restons confiant et sans aucune attente.

Vivons ici et maintenant et cessons de vouloir ou d'espérer ce qui n'est pas encore là!

Comme une palette de couleurs

Nous sommes tous en possession d'une large palette d'émotions, de comportements et d'aptitudes.

Dans le conditionnement de l'humain ainsi que dans son enfermement mental et émotionnel, cette palette est très réduite. Seuls quelques émotions connues et comportements répétitifs se manifestent, cloisonnant ainsi notre monde intérieur et rétrécissant notre vision du monde extérieur.

L'ouverture de l'esprit et sa sensibilité à voir ce qui se passe dans notre corps émotionnel, nous amène à explorer d'autres facettes de notre Etre et donc, de pouvoir percevoir des couleurs en densité différentes. Notre monde s'ouvre, sa perception s'élargit ; nous sommes de plus en plus en lien avec nous-même et le monde qui nous entoure.

Nous nous apercevons alors que nous disposons pléthore de nouvelles possibilités. Nous nous sentons d e plus en plus complet, apaisé même, et nous intégrons enfin toutes ces couleurs et émotions perdues ou refoulées.

Même si le chemin du changement n'est pas toujours facile à emprunter par peur d'affronter certaines phases difficiles, continuer de se révéler à Soi-même en vaut cette peine...

La complétude de notre Etre

Chaque être humain est un être entier et complet possédant diverses forces et capacités, des valeurs et des ressources.

Lorsque notre histoire (passé familial, sociétal et culturel) nous pousse à croire que nous ne sommes qu'un Etre *réduit,* à ne pouvoir être que ce que l'on nous a transmis, nous nous enfermons dans une croyance d'incomplétude, d'incapacité à agir autrement où toute transformation est impossible.

Prenons l'exemple d'une croyance de dévalorisation. Il s'agit ici d'une personne à qui l'on a toujours fait croire qu'elle ne valait pas grand-chose ou qui fut soumise. Si elle n'emprunte pas la voie du changement, elle dépendra toujours de personnes plus puissantes qu'elle, ne se sentira jamais à la hauteur et seront entravées sa confiance et son estime d'elle-même.

La personne finira par s'identifier à ces croyances qui seront handicapantes dans sa vie quotidienne ; elles la freineront dans son évolution personnelle et son besoin d'autonomie.

Cette personne restera persuadée que la vie est difficile qu'elle manquera, toujours de quelque chose pour être pleinement heureuse, qu'elle ne trouvera jamais les capacités nécessaires pour se défaire d'un vécu douloureux, ou encore, qu'elle n'arrivera jamais à connaître le bonheur et la sérénité du cœur.

Puis, arrive le moment où elle décide d'avancer et d'explorer cette partie d'elle qui lui fait si peur, qui l'empêche de se réaliser.

En effet, vouloir comprendre les mécanismes psychologiques qui nous enferment dans une perception réduite de nous-mêmes, ne suffit que très rarement à s'en défaire.

L'exploration de Soi demande du courage, d'être conciliant et sans jugement avec soi-même, tout en adoptant une posture bienveillante afin de pouvoir accueillir, non seulement les souvenirs refoulés et les énergies réprimées, mais aussi l'amour et le respect de Soi et à l'égard des autres.

Sur le chemin de la découverte de Soi, nous trouverons des vérités émanant de notre inconscient, des joies et des surprises, mais aussi toutes ces émotions de peur, de haine, de rage et de colère qui existent en nous.

Elles ont besoin d'être accueillies et reconnues afin de pouvoir les réintégrer à l'Etre que nous sommes.

Nous sommes tous des êtres complets munis de capacités et de forces insoupçonnées, de ressources qui reposent là, attendant notre autorisation pour pouvoir s'exprimer et nous accompagner dans notre développement personnel.

N'attendez pas à ce que la vie change mais prenez la décision de la changer !

Qu'est-ce que l'affirmation de Soi ?

L'affirmation de Soi est la capacité de savoir et pouvoir dire fermement

« Oui » ou «Non ». Cette capacité nous permet de dessiner des limites claires de ce qui acceptable et de ce qui ne l'est pas pour nous.

Ne laissez pas l'autre décider à votre place !

Prenez cette responsabilité et décidez de ce qui vous convient ou pas.
Dans le cas contraire, vous vous soumettrez aux désirs de l'autre et serez frustré et rempli de regrets.

A chaque instant

A chaque instant je respire,

A chaque instant je vis,
A chaque instant je m'écoute,
A chaque instant je m'aime,
A chaque instant je me respecte,

A chaque instant je célèbre l'unité parfaite que je suis.

Respirez et vous êtes vivants !

Écoutez-vous et vous êtes conscients
De ce qui vit en vous, ici sous vos yeux !
Aimez-vous et vous vous pardonnerez !
Respectez-vous et vous serez respectés !
Célébrez votre unicité et aimez ce qui est !

Se dire

Ne pas avoir peur de dire ce que l'on ressent,
Ne pas avoir peur de prendre la place que nous méritons.

Savoir recevoir et savoir donner pour que l'énergie ne cesse
d'augmenter,
Se libérer des chaines du passé et du schéma familial pour enfin se
concentrer sur sa vraie destiné.

Un chemin vers Soi quelque peu angoissant où
en trébuchant, on apprend à marcher en confiance vers Soi et sa propre vérité.

Demandez et vous recevrez.
N'ayez pas peur de demander de l'aide,
N'ayez pas peur de solliciter du soutient ou du réconfort.

Soyez clair et explicite dans vos paroles.
Evitez toute interprétation et tout jeu psychologique.

Dénouez votre passé pour apprendre à vous affirmer, en prenant votre
juste place et non pas celle qui vous avez été attribuée.

Continuer de cultiver l'authenticité de votre Etre, dans le respect de la
personne que vous êtes devenue aujourd'hui.

Se retirer un instant des affaires des autres
Pour s'occuper de ses propres affaires,
De ses projections et de ses relations

Chacun de nous a cette mauvaise habitude de se mêler des affaires des autres, de penser à leur place, de faire des déductions et de se faire des idées sur ce que l'autre peut penser. Ainsi, nous en tirons des conclusions qui sont très souvent les simples projections de notre propre monde.

En effet, nous avons tendance à projeter des comportements, des traits de caractères positifs ou négatifs sur l'autre, tel un miroir. C'est ce que l'on appelle *l'effet miroir*.

La perception de l'autre est alors faussée puisqu'elle repose sur nos propres projections et nos transferts intérieurs ; en découle donc des malentendus, des non-dits, des relations conflictuelles et illusoires, un mal-être relationnel.

La projection négative que nous attribuons à l'autre est une partie de nous-mêmes que nous ne souhaitons pas voir. C'est un mécanisme tout à fait inconscient. En attribuant à l'autre ce que nous pensons ne pas être nous-mêmes, nous nous refusons symboliquement un trait de caractère que nous détestons ou n'aimons pas chez nous ; nous ne nous pouvons pas nous avouer qu'il parle également de nous. Or, si nous le voyons chez l'autre, c'est que nous le connaissons.
Prenons un exemple : on dit souvent qu'un tel est égoïste, qu'il pense qu'à lui.

On déteste ce genre de personne. Mais comment cela parle-t-il de nous ?
Simplement parce que nous le sommes parfois en nous comportant de la même manière que ce-dit égoïste ?

Ce ne sont là que des croyances et des concepts qui parlent de la dualité de l'Etre; de ce qui est bien et de ce qui ne l'est pas.

21

Tous ces concepts et croyances tiraillent notre monde intérieur. Nous culpabilisons en rejetant une personne ou un comportement que nous jugeons mauvais. Mais n'oublions pas que nous sommes des Etres complets où tout et son contraire vivent à l'intérieur de nous.

C'est ce que l'on appelle *la dualité*. Si nous sommes généreux, son contraire vit également en nous et, c'est pour cette raison que nous pouvons être également radin et égoïste. Ces différentes facettes qui nous composent peuvent s'exprimer dans différents domaines de notre vie. Par exemple, nous pouvons être généreux avec nos amis mais radins avec notre partenaire ; se montrer généreux en société mais radin dans nos relations personnelles, etc.

Or, pour réussir à s'ouvrir à des relations plus saines et authentiques, il serait préférable de commencer par se poser les bonnes questions sur nous-mêmes avant d'interpréter les gestes ou les mots des autres.

Créer un dialogue *écologique* avec l'autre, c'est apprendre à lui poser des questions ouvertes qui ne portent aucun jugement ni interprétation. Ainsi, nous lui laissons la parole pour qu'il puisse exprimer son avis, son ressenti depuis son monde et sa propre réalité.

Le questionnement ouvert et bienveillant est une pratique très simple. En l'appliquant à nos relations quotidiennes, des relations plus claires, fluides et sans interprétation pourront alors se mettre en place.

Ainsi, nous pouvons sortir de *la transe* de tout savoir sur l'autre : ce qu'il pense, pourquoi il agit de telle manière... Nous sortons des relations conflictuelles en nous ouvrant à celles qui sont vraies et authentiques.

Pour pacifier une relation

Posez-vous un instant et réfléchissez aux questions suivantes :
Y a-t-il en ce moment une relation que j'aimerais pacifier
ou transformer?

Laquelle ?

Comment est-ce que je vois l'autre ? (décrivez le en quelques adjectifs)

Comment ces adjectifs parlent également de moi et dans quelles situations j'adopte les mêmes comportements que j'attribue à l'autre ?

Comment est-ce que je qualifie cette relation et qu'est-ce qu'elle m'apporte ?

J'observe mes préjugés face à l'autre et à la relation.

Suis- je suis prêt à changer ma communication avec l'autre ?

Ai-je la volonté et l'envie de faire évoluer cette relation ? Et l'autre, qu'en pense-t-il ?

Quels sont ses ressentis, sa vision de la réalité et de la relation ?

Comment voit-il cette relation ?

Osez-lui exprimer vos manques et vos besoins, dans un dialogue non violent, en appliquant le *Je* responsable.

Par exemple :

- *Je trouve que tu es très absent ces derniers jours et cela me rend triste...*

- *J'ai besoin de... et toi, quel est ton besoin ?*

- *Je souhaite que...*

- *J'ai l'impression que...*

Questionnez-vous sur vos objectifs, vos envies et votre volonté de changer.

Pour connaître la réalité de l'autre, posez-lui des questions ouvertes.

Ecoutez ce qu'il a à vous dire dans une posture d'accueil et de respect.

Remerciez-le de s'être ouvert à vous et au dialogue...

Le fait d'accueillir la parole de l'autre, son ressenti et sa réalité sans jugement ni interprétation, en étant dans une posture bienveillante et d'écoute attentive, permettra de reconnaître l'Etre qui vit en lui, sa valeur et son unicité.

La simplicité d'aimer et d'être aimé

De quoi avons-nous tous besoin ?

De plus d'argent ? De pouvoir ? De gloire ?

Comment vivre une vie heureuse et épanouie si l'argent, le pouvoir ou la gloire n'amènent pas le bonheur attendu ?

Le secret repose dans la simplicité d'aimer et d'être aimé en retour.

Il faut ouvrir son cœur pour accueillir l'amour qu'on a pour Soi,

Ouvrir nos yeux pour rencontrer l'amour autour de nous,

Ouvrir notre âme pour aimer notre prochain,

Car la capacité d'aimer repose en chacun de nous.

Aimez ce qui est...

Diffusez autour de vous ce qui vous est de plus cher et qui ne s'épuise jamais... C'est bien ça l'Amour.

Laissez-vous guider par l'amour et la joie afin de les diffuser autour de vous et d'en recevoir en retour.

S'adapter au changement

Nous ne pouvons pas arrêter le temps
Mais nous pouvons décider de changer.

Le seul pouvoir que nous avons,
Est celui de choisir de changer.

La vie s'inscrit dans une évolution
permanente.
La vie évolue constamment.

S'opposer au changement,
C'est refuser de s'adapter.

Qui vous dit, aujourd'hui, que vous n'avez pas les capacités de changer ?
Quelles parties ou croyances en vous, s'opposent à ce que vous évoluiez ?

Ecoutez ces réponses qui émanent de votre cœur,
Sécurisez votre enfant intérieur,
Donnez-lui l'amour dont il a besoin,
Donnez-lui la permission de changer.

Laissez faire son intuition et sa créativité,
Il saura parfaitement comment s'adapter au changement.

Face à l'inconnu

Face à l'inconnu, on a souvent peur.
On appréhende ce qui doit se passer.
On se projette, on imagine des scénarios différents
Pour être, soi-disant, mieux préparé.

Les jours, les instants avant le grand jour,
On stresse, on angoisse, on cogite...

Et si l'on se posait quelques instants dans un calme
absolu ?
Et si l'on acceptait ce qui se passe en nous,
Et reconnaître ce sentiment de peur de l'inconnu ?

Rester simplement à l'écoute de ce qui vit en nous.

Se poser cette question : « De quoi as-tu vraiment peur ? »

Et à ce moment-là, laisser surgir en nous cette vérité venant d'ailleurs...

« Peur de ne pas être à la hauteur ».

« Peur de ne pas être accepté ».

« Peur ne pas être aimé, donc d'être rejeté... ».

Et quel serait alors mon besoin sous-jacent ?
Un besoin de m'accepter tel que je suis,
Sans vouloir me comparer à autrui,
Sans vouloir être le meilleur,
Sans vouloir plaire pour être aimé.

Acceptons-nous,
Aimons-nous !
Accueillons ces parties de nous qui ont besoin d'être intégrées,

Celles qui ont besoin d'être éclairées par la lumière de notre conscience.

Vivons dans le présent et respirons dans la globalité de notre Etre.
Quel qu'il soit, il est parfait !
Il a juste besoin d'être écouté.

26

Face à la souffrance humaine

Comment faire face à cette souffrance humaine

Qui nous touche et nous parle de nous-mêmes ?

Etre touché et non pas affecté ?

Avoir de la compassion et non pas de la pitié ?

Rassurer sans pour autant minimiser l'ampleur de la souffrance exprimée?

C'est tout un art...

Avec un accueil bienveillant et une écoute attentive,

Laissons la place à ce qui émerge et qui a besoin d'être exprimé.

Ne rien modifier, ne rien toucher,
C'est en soi déjà parfait.

La souffrance comme une énergie

Qui a besoin d'être partagée et confiée

Pour être entendue, accueillie et transformée.

Illusions et désillusions dans une relation
Les bonnes questions à se poser pour sortir des illusions qui impactent nos relations

Chaque attente cache une illusion, chaque illusion cache le risque d'une déception et d'une désillusion.

Lorsque nous sommes dans l'attente de quelque chose qui arrive de l'extérieur, ou que quelqu'un d'autre réponde à nos propres besoins, notre posture est passive et notre attention figée sur un résultat qui tarde à arriver.

Nous espérons secrètement d'une relation qu'elle remplisse et réponde à l'un de nos besoins ; par exemple, trouver la complétude à travers l'autre, grâce à ses capacités ou ses qualités, afin de se sentir *complet* à travers lui et cette relation.

Bien souvent, lorsque nous ne sommes pas au clair avec ces énergies inconscientes qui nous poussent vers une relation, nous nous enfermons dans un cercle qui nous fait rejouer en permanence des scénarios de notre passé.

Parfois nous luttons, nous nous battons pour instaurer un équilibre dans cette relation. Malgré tous nos efforts, la seule chose à laquelle nous arrivons et celle de nous confirmer ce que nous connaissons déjà. Nous sommes dans une relation qui fait écho à des relations de notre passé. Nous sommes dans une relation de transferts affectifs et de projections, positifs ou négatifs.

Des illusions s'installent alors dans la relation et avec elles, les frustrations et les déceptions qui en découlent.

Lorsque nous nous sentons émotionnellement touchés et impactés par une relation, il est important d'accorder toute notre attention à ce qui peut se jouer.

Prendre une posture d'observateur bienveillant et curieux permettra de se poser les bonnes questions :

- *Qu'est-ce que j'attends de cette relation ?*
- *Qu'est-ce que j'attends de l'autre?*
- *Pourquoi est-ce que je pense que l'autre est capable de m'apporter ce que j'attends ?*

- A qui me fait penser cette personne ? Et cette situation, cette relation?
- Suis-je capable de m'apporter ce que j'attends de l'autre ?
- Quelles sont les ressources que je dois développer ?
- Comment puis-je le faire et l'acter en prenant des décisions concrètes ?

Ces questions, comme toutes celles que vous pouvez vous poser, seront la base d'un excellent terrain de croissance personnelle.
Ainsi, vous irez à la rencontre de votre autonomie et de qualités insoupçonnées.
Vous pourrez acquérir une plus grande confiance en vous et en vos capacités, tout en vous donnant l'autorisation de développer vos ressources intérieures.

Cette nouvelle posture confiante et plus consciente permettra non seulement à la relation de s'agrandir mais libérera l'autre du poids de vos attentes. La relation devient alors plus légère.

Elle se transformera tout en continuant d'exister dans de nouvelles énergies ; si elle cesse d'exister, c'est que vous êtes sortis de votre transfert.
Il faut savoir qu'à chaque fois que vous émettez des attentes conscientes ou inconscientes dans une relation, vous rencontrez, en même temps, vos illusions et croyances limitantes.

Il est donc impératif d'apprendre à être à l'écoute de ses besoins d'avoir le courage d'affronter ses peurs et d'oser s'affirmer.
Donnez-vous le droit de satisfaire vos propres attentes.
Développez vos qualités et vos ressources intérieures.
Soyez créatifs dans l'accomplissement de votre vie.

Ainsi, vous établirez un lien intime avec votre vraie nature et vos besoins les plus profonds. Vous développerez la capacité à satisfaire vos besoins par vous-mêmes. Vos relations s'allègeront et deviendront plus fluides et authentiques.

Dans la simplicité d'être

Dans la simplicité d'Etre,

Retrouvons une joie immense,

Une rencontre avec Soi-même,

Une légèreté subtile et savoureuse,

Une présence à la vie

Et sa grâce lumineuse.

La liberté

La liberté est celle qui nous donne l'envie d'aimer,

La liberté est celle qui nous fait vibrer,

La liberté est celle qui nous fait prendre conscience de notre unicité.

Dans la liberté, nous décidons qui aimer,

Dans la liberté, nous décidons quoi travailler,

Dans la liberté, nous décidons quoi dire et comment nous exprimer.

Se sentir libre, c'est s'envoler vers ses rêves, les vivre et se réaliser...

Vivre libre, c'est vivre sa vie selon ses envies et ses besoins...

Vivre libre, c'est être en paix avec Soi et ses inspirations profondes...

Ah, l'amour !

Aimer est une vibration, une énergie qui se diffuse et qui touche le cœur de l'autre.

Aimer, c'est accepter de donner sans attendre en retour d'être aimé.

Aimer, c'est accepter l'autre dans sa différence et l'accueillir dans sa globalité.

Aimer, c'est donner de Soi sans se poser de questions,

Aimer, c'est donner naturellement et sans condition.

Pour aimer l'autre inconditionnellement,

Il faut apprendre à s'aimer Soi dans son intégralité,

En acceptant ses qualités et ses défauts.

Posons-nous ces questions:

Comment je m'aime ?

Comment j'aime l'autre ?

Qu'est-ce que l'amour représente pour moi ?

Quelles sont mes attentes, conscientes ou inconscientes, vis à vis de l'autre et de la relation?

Comment puis-je me donner l'amour et la reconnaissance que j'attends de l'autre en commençant par m'aimer et m'accepter tel que je suis ?

A prendre ou à laisser

Que se passe-t-il en moi lorsque je dois me décider *à prendre ou à laisser* une nouvelle opportunité ?

Suis-je dans un respect total de moi-même ou est-ce que je me laisse à nouveau influencer ?

Je m'assois alors tranquillement et je me demande sincèrement :
- *Que se passe-t-il en moi?*
- *Quel est mon besoin ?*

Mon instinct me dit : « Tu ne risques rien ! ».

Mon émotionnel me dit : « Tu apprendras sur toi ! ».

Mon mental ajoute à cela : « C'est un bon projet pour toi ! ».

A ce moment précis, je suis en accord avec moi-même.

A l'idée de prendre cette opportunité, je me réjouis sincèrement.

J'ose y aller et la vivre concrètement.

Un choix est difficile lorsque l'enjeu reste inconscient.

Si on éclaire la problématique pour comprendre son véritable sens, le choix s'impose de lui-même comme une évidence.

Parfait ou imparfait, qu'importe...

Hey, toi, petite personne,
Hey, toi, vilaine partie de moi,
Ne te cache pas par peur d'être jugée,
Ne te cache pas par peur d'être rejetée.

Hey, toi, petite personne qui critique les autres,
Hey, toi, mauvaise partie de moi,
Ne te cache pas derrière ce masque étourdi,
Ne te cache pas derrière ton visage gris.

Hey, toi, grande personne que tu es,
Hey, toi, intelligence inouïe,
Ne te cache pas par peur de ton pouvoir créateur,
Ne te cache pas par peur de ne pas être reconnue.

Voici mon appel du cœur :

Regarde-moi, regarde qui je suis vraiment,
Aime-moi dans mon intégralité,
Ne rejette pas ce que tu juges mauvais,
Ne brime pas ce que tu penses être insensé.

Hey, toi, petit enfant qui a peur d'être incompris,
Hey, toi, grand trésor subtil qui a peur de s'ouvrir,
Ne te prive pas de t'exprimer et de t'affirmer,
Ne te prive pas de t'aimer.

Que tu sois bon ou mauvais,

Que tu critiques ou pas,

Que tu sois intelligent ou bête,

Ce ne sont que d'infimes parties

de toi.

La nature humaine est ainsi faite,

une dualité dans laquelle on peut se perdre à tout jamais.

Parfois, il suffit d'admettre

Que nous composons constamment,

Avec nos parties d'ombre et de lumière,

Que nous ne sommes ni l'un ni l'autre

Mais le tout en même temps réuni.

Hey, vous qui faites partie de moi,

Hey, vous, que vous soyez ombre ou lumière,

Je vous enlace dans un amour infini,

Je reconnais en vous l'humain entier que je suis.

Parfait ou imparfait, qu'importe,

Je suis le tout réuni et pour cela,

Je me dis un grand MERCI.

Hey, toi, je t'aime aussi...

Accueille-moi la vie

Accueille-moi, toi la vie, donne-moi de ton souffle,
Accueille-moi, toi la vie, accepte ma timide
présence,

Accueille-moi, toi la vie, accède à ma vraie nature.
 Ouvre-moi tes bras, toi la vie, enlace-moi dans ta candeur,
Ouvre-moi tes bras, toi la vie, crée en moi des étincelles de
lumière,

Ouvre-moi tes bras, toi la vie, réveille mon âme pour toujours.

En ta présence, je me sens en vie,
En ta présence, je deviens si humble,
En ta présence, je ne fais plus qu'UN avec l'existence.

Donne-moi, toi la vie, l'énergie solaire pour briller dans l'Univers,
Donne-moi, toi la vie, la douceur de l'air pour m'élever dans le
bonheur,

Donne-moi, toi la vie, l'allure de la lune pour me vêtir dans son
mystère.

Accepte-moi, toi la vie, dans ton royaume,
Accepte-moi, toi la vie, telle que je suis venue sur
terre,
Accepte-moi, toi la vie, dans mon innocence
originelle.
Accepte, toi la vie, ma gratitude universelle.

Dans la tranquillité de l'esprit

Dans la tranquillité de l'esprit et dans la plénitude de mon cœur,
Je me relie à mon Etre guérisseur.
La vie me semble si belle et si sereine,
Qu'elle efface la tristesse et combat tout malaise.

Dans la tranquillité de l'esprit et dans la plénitude de mon cœur,
Je rencontre ma sensibilité profonde.
La vie me semble si belle et si sereine,
Qu'elle m'apaise et me sécurise en son silence porteur.

Quand je suis en paix et en lien avec ce que je suis,
La vie me semble si belle et si sereine...
Il suffirait d'un souffle et d'une respiration profonde
Pour accéder à mon âme et son calme intérieur.

La renaissance

La renaissance est une nouvelle naissance vers le chemin d'une
nouvelle vie.

La renaissance est le début d'un cheminement vers l'inconnu, vers la richesse de
tout ce qui nous entoure et de tout ce qui vit en nous.

S'abandonner et laisser derrière nous ce qui appartient au passé, ce qui a été et qui
n'est plus, pour être disponible et à l'écoute de ce qui vit là sous nos yeux...

La vie et la mort

A chaque inspiration une naissance,

A chaque expiration une disparition.

Les mots se précipitent dans la tête
Et les phrases succèdent les pensées.

Des pensées d'amour et de
compassion
Pour un être cher en souffrance.

Que la paix t'accompagne dans cette épreuve
Et que l'amour t'aide à retrouver le calme en toi.

Il est si difficile parfois d'admettre
Que nous sommes tous de passage sur cette Terre...

Et quand la vie donnera son dernier souffle
Nous disparaîtrons à tout jamais de cette scène que l'on
appelle la Vie.

Il n'y a que dans les cœurs de ceux qui nous aiment
Que nous resterons pour toujours.

A chaque inspiration une naissance,
A chaque expiration une disparition ...

Lorsqu'un processus vient à son terme

Lorsqu'un processus arrive à son terme et a pris une forme différente,

Il est nécessaire de clôturer ce qui a été dit,

Ce qui a été partagé et "fermer le dossier".

Il le faut afin de pouvoir s'orienter vers une nouvelle énergie

Pour s'investir dans une nouvelle page de sa vie.

Pour créer du renouveau, il faut apprendre à tourner les pages de notre passé.

Quitter le passé pour vivre le présent

Quand on n'est plus dans le passé,

Quand on est dans l'inconnu,

Quand on ne se projette pas dans le futur,

On a la capacité de vivre le moment

présent.

La capacité de nous émerveiller face à la vie

Se trouve en chacun de nous,

Mais c'est à nous de l'expérimenter pour vivre mieux chaque jour.

Les angoisses

L'angoisse est comme une énergie qui vit en nous.

Elle n'a ni objet, ni explication et pourtant elle se fait ressentir.

Elle oppresse le corps.

Elle tourmente le cœur.

Elle nous fait perdre la tête et toute pensée logique.

Lorsque l'on est au contact de cette sensation

Que l'on se met à son écoute par la respiration et l'ancrage du corps,
dans l'ici et maintenant,

Elle peut nous diffuser des messages et des informations sur ses
origines.

Il faut respirer en conscience à l'intérieur de ces sensations en libérant la parole de
l'émotionnel stocké. Ainsi, nous pourrons nous en détacher, la transformer et avancer
dans notre cheminement.

Se réconcilier avec sa partie d'ombre

Plonger dans son monde obscur pour observer des phénomènes inconnus.

Partir à la rencontre des souvenirs enfouis pour libérer une masse d'énergie.

Exprimer les non-dits et laisser remonter à la surface cette partie reniée de nous-mêmes.

L'observer et l'accueillir comme si elle faisait partie de toute la mosaïque de l'Etre que nous sommes.

Se réconcilier avec cette partie oubliée et refoulée depuis toujours, C'est l'accepter et l'intégrer pour mieux percevoir l'Etre entier que nous sommes devenus.

Blessure du passé

Ce que nous vivons dans le présent peut parfois prendre une dimension déjà connue.

Se sentir abandonné ou rejeté, ne plus savoir comment faire face à cette situation en ayant l'impression de l'avoir déjà vécue : prenons le temps d'observer ce qui se rejoue en nous...

Un abandon vécu comme tel dans le présent peut nous renvoyer à un abandon de notre passé.

Nous contactons les mêmes émotions et les mêmes énergies de cette première blessure déjà contactée...

Si nous ressentons de la tristesse quand on ne compte plus ou parce qu'on ne nous aime plus, cela nous renvoie à notre valeur en tant que personne et à la capacité d'être aimé par les autres.

Ce ne sont que des croyances qui se réactualisent et qui nous font souffrir...

Comment fermer cette blessure du passé pour s'ouvrir à une vie plus sereine et épanouie?

Il faut prendre conscience de ce qui n'a pas été guéri de cette expérience passée et reprendre là où le fil s'est cassé, afin de mener à terme les émotions refoulées et ainsi, pouvoir achever le cycle complet de cette expérience.

D'abord, il faut nous donner la possibilité de pouvoir revivre l'intensité des émotions que nous n'avons pas pu ou su exprimer à l'époque. Il faut se donner le droit de verbaliser ce qui nous a blessé et ce que nous avons ressenti, afin de pouvoir achever cette expérience dans son intégralité.

Se libérer du passé, c'est prendre conscience de ses propres blessures qui remontent de notre inconscient et qui se réactualisent au présent. Il faut se laisser traverser par ces émotions, dire ce qui n'a pas été dit puis fermer définitivement le dossier.

C'est aussi faire le deuil de ce qui a été et qui n'est plus.

Libérez la parole, libérez le ressenti, libérez le corps, inspirez et expirez profondément, vous êtes vivant et la vie est en vous!!!

Prendre un moment pour soi

Prendre un moment pour vivre et respirer
Dans un quotidien dynamique et oppressant.

Un moment de calme pour Soi
Pour se retrouver et gagner en énergies nouvelles.

Apprendre à se relaxer en quelques instants
Peut nous aider à moins stresser.

Voir la vie de façon positive et croire en ses capacités
Permettent d'avancer sûrement et aisément dans notre cheminement.

Voir chaque instant comme une possibilité nouvelle
de changer sa destiné et sa façon de faire,

Vivre le moment présent et se dire
Que l'avenir commence ici et maintenant.

Changeons nos vieilles habitudes
Pour s'ouvrir à toutes nouvelles possibilités.

Ouverture du corps et de l'esprit

Oh… Combien il est important de lâcher le corps pour donner une
nouvelle vie à l'esprit.

Un corps qui nous accompagne et qui veille sur nous.
Un corps qui est un support à toutes nos douleurs et tensions psychiques.

Oh… Combien il est important de prendre soin du corps pour permettre à l'esprit de
revivre à nouveau et de trouver un équilibre harmonieux !

Le corps qui parle de nos douleurs enfouies

Un souvenir qui remonte à la surface,
Une légère souffrance est alors ressentie.
Une partie du corps qui se fige et qui demande à être accueillie.

Il est difficile de se bouger sans ressentir la partie bloquée...
Il est difficile de se tourner sans qu'elle ne se manifeste encore plus fort...

Un souvenir lointain porteur d'émotions et d'angoisses
a désormais besoin d'être libéré.

Il faut rester patient et à l'écoute
Pour accueillir le message de cette souffrance qui
brûle et qui se manifeste sans réserve.
Le corps, un ami pour toujours,
Nous amène à ressentir nos blocages et douleurs
enfouies,

En libérant ensuite un trésor encore caché à nos yeux.

Emotion nouvelle

Se sentir traverser par une émotion nouvelle,

Ressentir une tristesse profonde qui touche un fond encore inconnu.

Se replier sur Soi pour aller en profondeur et puiser ce qui n'est pas

encore visible par notre conscience.

Se sentir épuisé alors que la vie bat son plein en Soi,
Se sentir en décalage avec le monde extérieur,
C'est aussi se recentrer pour retrouver la petite voix qui vit en nous.

Alors, il faut reprendre la force intérieure et marcher main dans la

main avec elle jusqu'au prochain arrêt d'une émotion nouvelle...

Les larmes

Quand les larmes sont là,
Ne les retiens pas.

Laisse-les sortir et caresser ton visage,
Laver ta douleur et renforcer ton Etre,
Laisse-les partir avec tes maux et tes problèmes.

Chaque larme versée te libère de ce qui a été enfermé et baisse ta
pression intérieure.
Des larmes de joie ou de tristesse,
Toutes sont des émotions et des énergies qui vivent en nous.
Pleurer, ce n'est pas être faible ou fragile,
Ce n'est pas se rendre vulnérable.
C'est simplement humain et naturel.

Pleurer est tout aussi indispensable que de respirer
Pour maintenir l'équilibre de notre organisme.

Mon enfant

Mon enfant, ne pleure pas...
Mon enfant, ne te décourage pas...
Mon enfant, ne te désespère pas...

Le chemin est long mais plaisant.
La vie te l'offrira et te protégera.
Elle est là, à cet instant, en toi
Et personne ne te l'enlèvera.

Quand tu es seul avec toi
Que tes pensées te pèsent,

Dis-toi qu'elles font partie de toi
Mais en aucun cas tu ne te résumes à ça.

Tu es beaucoup plus large que cela
Et la vie ne s'arrête pas là.

Garde toujours en mémoire que la vie ne veut que le
meilleur pour toi et t'accompagne sur ce long chemin.

Abondance

Abandonne-toi et danse,

Dans une joie abondante

Qui vient de ton intérieur pour ouvrir les portes extérieures.

En abandonnant l'ancien et en allant vers la nouveauté,

Danse dans l'abondance

Donne-toi la force de te propulser vers l'extérieur.

Comme le bébé à sa naissance,

propulsé vers l'extérieur,

En quittant le monde sécurisant et quel que peu limitant du ventre
maternel,

Pour rencontrer le monde extérieur,

Dans la confiance et la bienveillance,

En lui donnant le droit de baigner dans une nouvelle richesse

Qu'est l'abondance du monde extérieur.

Donne-toi l'occasion d'ouvrir les portes de l'abondance

Venant du monde extérieur,

A accueillir la joie et le bonheur,

A vivre dans l'abondance universelle.

Une mère nourricière

Je me relie à la profondeur de ton
âme.
Je me relie à ta présence véritable.

J'accède à ta douceur infinie.
J'accède à ton instinct de mère et de créatrice de vie.

Je me relie à ton regard de lumière.
Je me relie à ton souffle vibrant de vie.
Je te dis merci de m'avoir donné la vie.
Je te dis merci pour ce que tu m'as transmis.

Un lien solide continue de nous nourrir encore,
Un lien solide qui vivra pour toujours dans nos cœurs.
Je suis un enfant devant toi, ma mère,
Un enfant qui a déjà grandi et a pris son envol.

Or, en ta douce présence, je me laisse redevenir ton enfant,
En ta présence de mère, je te laisse me cajoler infiniment encore...

Que les larmes qui coulent sur mon visage trouvent ton épaule,
Que les cris du cœur trouvent le réconfort.
Que je t'aime toi, ma mère,
Que je t'admire dans ton rôle de mère nourricière.

Je vois la profondeur de ton âme,
Je vois la présence véritable
D'une femme merveilleuse et d'une mère extraordinaire.
Merci de tout mon cœur à toi, ma mère!

La vie de l'adulte conditionnée par la vie de l'enfant qu'il était

Lors de sa construction, l'enfant s'adapte à son environnement familial. Il essaie d'attirer l'attention des figures nourricières pour assurer sa survie et son développement psycho-physiologique.

Il adopte des stratégies et des comportements qui vont lui permettre de préserver sa vie et de grandir. Cette adaptation, tel un caméléon, a sa fonction. Quand l'enfant grandit et devient adulte, il continue de se servir des mêmes réflexes et comportements que lorsqu'il était petit.

Adulte, il peut parfois ressentir quelques problèmes relationnels. Les réponses et les comportements qu'il adopte dans une situation précise ne sont pas adéquats avec ce qu'il est en train de vivre. Il prend alors conscience d'un dysfonctionnement et sent qu'il régresse dans cette situation. Malgré cette prise de conscience, il continue de jouer les mêmes scénarios comme s'il ne pouvait pas se défaire du filet dans lequel il se sent emprisonné.

Que se passe-t-il vraiment?
Comment sortir de ce schéma inadapté aujourd'hui?

Il faut savoir que le climat familial dans lequel l'enfant a grandi peut être reproduit dans sa vie d'adulte. Les situations et les acteurs sont différents mais les comportements, les émotions et les réflexes peuvent être les mêmes que ceux qu'il a connu dans son enfance.

La vie de l'adulte reste conditionnée par la vie de l'enfant qu'il était. Pour ne plus resté figé dans cette boucle, il faut faire preuve d'une dose de courage et de confiance.

Il faut alors prendre conscience des mécanismes et des réflexes psychologiques utilisés dans l'enfance, puis les transformer en réponses nouvelles et adaptées à la réalité de l'adulte qu'il est devenu aujourd'hui.

Posons-nous les questions suivantes:
- *Quels sont mes freins ou blocages dans mon évolution personnelle ?*
- *Quelles sont les personnes vers qui j'ai du mal à aller ?*
- *Qu'est-ce qui se répète de mon enfance et comment cela s'exprime à travers ma vie d'adulte aujourd'hui ?*

Laissons ensuite les informations et les messages venir à la conscience de l'adulte... Nous y verrons plus clair sur ce qui est en train de se rejouer dans la situation donnée.

Toutes les réponses sont à l'intérieur de nous.
Il suffit d'écouter notre enfant intérieur et de prendre conscience de ces répétitions qui polluent notre vie d'adulte. Alors, nous pourrons enfin sortir de nos réactions automatiques et agir au présent... et non plus par rapport à notre passé.

Ma petite fille et l'adulte que je suis devenue

A travers mon regard de petite fille,

J'ai cru, au plus profond de moi, à la magie de la vie.

Je savais que tout était possible :
Voyager et rencontrer des personnes différentes,
m'envoler pour me transporter dans un monde invisible aux yeux des
adultes figés,
Je croyais que chaque problème avait sa solution,
Je croyais à la puissance de la pensée et à l'amour que l'on savait donner…

Puis, les années passant, la petite fille devient grande et découvre le
monde des adultes…
Personnages tellement tristes, conditionnés, tellement rigides et
coincés…
Ils ont perdu tout espoir de changement positif, toute leur créativité
d'enfant et leur imaginaire et… ont demandé à la petite fille que
j'étais, de grandir.

J'ai grandi en laissant derrière moi
mon monde imaginaire,
les miracles de la vie,
ma créativité...
Je pense que je suis alors devenue une véritable adulte.

Les années passent et j'entre dans la vie active.

J'adopte les normes des adultes et accepte de souscrire à leur
monde rigide.
Je suis persuadée, au plus profond de moi, que je n'ai pas ma place
parmi ces gens froids et fermés. Je sais que ce n'est pas cette vie que je
veux vivre … Ce n'est pas ma vie !

Persuadée de devoir me calquer sur leurs modèles, je deviens triste et sans amour pour la vie...

Moi qui ne rêve que d'une vie meilleure, remplie de joie et de magie. Il m'est impossible de redevenir l'enfant que j'étais !

J'ai vécu des expériences difficiles et traversé des périodes de turbulences...
Fragile et très sensible, je me suis repliée sur moi-même dans ce monde beau et magique auquel j'ai cru durant mon enfance.
Je me suis alors réconciliée avec mon enfant intérieur et mon monde guérisseur.
Afin de redevenir moi-même et d'être enfin une femme épanouie, tout en redécouvrant l'enfant vivant au fond de moi,
je décide de travailler ma passion pour la vie et les êtres humains.

Quelle joie, quel bonheur, mon enfant intérieur était tellement content !

- *Enfin, me dit-il, je revis à nouveau.*

Puis, jour après jour, découverte après découverte,
l'adulte et l'enfant que j'étais sont redevenus amis.

Quand l'adulte a besoin de prendre une décision et d'avoir un conseil,

il se tourne vers cette petite fille qui sait toujours ce qu'il y a de mieux pour eux deux.
Cette petite fille est si heureuse que l'adulte se soit réconcilié avec elle, que je remercie chaque jour les liens affectueux qui les unit !
La petite lui souffle chaque jour de la confiance, de la joie, de l'amour et de la créativité.

Elle l'encourage à continuer sur ce chemin merveilleux et à s'ouvrir à toutes les nouvelles possibilités que la vie lui présente...
Depuis, l'adulte et l'enfant ont décidé de ne plus jamais se quitter...

* *Il s'agit ici de ma propre histoire*

Célébrez votre unicité et aimez ce qui est

A chaque instant je respire,

A chaque instant je vis,

A chaque instant je m'écoute,

A chaque instant je m'aime,

A chaque instant je me respecte

A chaque instant je célèbre l'unité parfaite que je suis.

La joie véritable

La joie véritable se vit depuis son profond Etre intérieur.

Elle fait vibrer tout le corps, traverse et transperce tout l'organisme.

Elle se diffuse à l'intérieur, imprègne chaque cellule, chaque partie de l'Etre...

Elle se diffuse aussi à l'extérieur et touche chaque être vivant, chaque micro-organisme...

La joie véritable est enveloppée d'amour, de tendresse et d'allégresse...

Tout est vibration...

Tout est énergie...

Tout est en nous et nous sommes dans tout...

Il y a quelque temps, quelqu'un m'a dit

Il y a quelque temps, quelqu'un m'a dit,
Tu iras loin, très loin grâce à ton
silence.

Il y a quelque temps, quelqu'un m'a dit,
Tu dois partir de ce pays pour t'épanouir ailleurs.

Il y a quelque temps, quelqu'un m'a dit,
Je suis fier de toi et de ton endurance.

Il y a quelque temps, personne ne m'avait dit
Que le chemin serait éprouvant et parsemé de barrières.

Il y a quelque temps, personne ne m'avait dit
Que des années peuvent se passer avant de me remettre sur pieds.

Il y a quelque temps, personne ne m'avait dit
Comment je devais faire pour sauver mon cœur et mon âme.

Heureusement, pendant toutes ces années,
j'écoutais ma petite voix intérieure.

Heureusement, pendant toutes ces années,
Je respectais mon appel du cœur.

Vivre chaque instant comme le dernier,
En appréciant la présence chaleureuse de ceux qui m'entourent.

Vivre chaque instant comme le dernier,

En remerciant la vie de tout le savoir qu'elle me souffle.

Vivre chaque instant comme le dernier,

En laissant la peur et les appréhensions au passé pour avancer vers ma destiné.

Parfois je trébuche,
Parfois j'émets des réserves.

Mais je persévère et j'avance sur ma route,
Qu'elle soit facile ou difficile...

Telle est ma destiné, tel un cadeau offert par la vie.

Chaque événement est porteur de sens et de leçons,
Chaque moment captive en moi une réalité.

Aujourd'hui, je suis heureuse d'être ce que je suis,
Une personne qui dit « Oui » à la vie,

Aujourd'hui, heureuse de l'Etre que je suis devenue,
Je dis Merci à la Vie.

Un cœur touché

Un cœur touché,
Un cœur en pleurs, qui souffre,

Un cœur qui s'ouvre pour accueillir cette souffrance.
Il n'est jamais facile de s'affirmer,

Quand des conditionnements venant de loin,
De son éducation ou d'une société,
N'aimant pas les personnes
rebelles,
N'aimant pas les personnes libres,
En rejetant les personnes qui osent,
Tout ceci, fragilisent le cœur de
l'Etre.

Il n'est pas aisé de se dire

Haut et fort ce que nous pensons.

Il n'est pas aisé de dire
Nos douleurs et nos sentiments.
Mais, tout devient facile
Si nous décidons de ne plus faire semblant,
De prendre ce risque et d'y aller,
En assumant nos actes et nos mots.
La liberté est là,
La légèreté aussi,

Le cœur ouvert et toujours aimant,
La tête haute et sereine.
Oser nous affirmer et oser défendre notre liberté de
penser,
C'est exister tout simplement...

J'ai peur

J'ai peur de ce que l'on va dire,
J'ai peur de me sentir ridicule.
Comme si pour rester parfaite,
Je ne devais pas me tromper.

J'ai peur de ce que l'on va dire,
De tous les regards posés sur moi,
De la critique et de ce qui en découle,
J'ai peur d'être moi...

J'ai peur d'être jugée,
J'ai peur d'être figée,
De ne pas pouvoir m'exprimer,
De montrer ce qui est.

Mais aucune évolution n'est possible,
Si je laisse ces peurs m'envahir.
Aucun changement ne verra le jour
Si je m'identifie à mes angoisses les plus dures.

Nous avons tous les mêmes peurs,

Des peurs qui nous freinent et nous
oppriment,

La peur de voir ce que nous sommes,

La peur de renaître à nous-mêmes.
Comment oser le changement ?
Comment aller vers l'avant ?

Comment oser s'affirmer
sans avoir à nous justifier?

Faut -il commencer par nous aimer
En nous acceptant tels que nous sommes?

Oser nous voir tel que l'on est,
Est un premier pas vers notre liberté.

Et même en hésitant sur le
chemin,
Je décide de m'accomplir pas
après pas.

Je reste bienveillante avec moi,
En me soufflant tout l'amour dont j'ai besoin.

Pas après pas, je m'aime et je m'affirme,
En accueillant pleinement l'adulte que je suis
devenue...

Ces conflits qui nous pèsent et entravent notre liberté d'être et de penser
Comment sortir d'une situation conflictuelle, source de souffrance?

A chacun de prendre la responsabilité de changer sa vie ou pas.

Chacun d'entre nous a le choix d'évoluer face à sa propre perception et celle des autres, d'améliorer ses relations et sa façon de communiquer avec autrui.

Dans tout conflit relationnel, nous sommes amenés à revivre des blessures de notre passé et bien souvent celles de notre petite enfance.

Même si nous essayons d'éviter les conflits, ils trouvent toujours un moyen de se glisser dans notre quotidien ou de s'installer dans une relation.

Si dans le conflit, nous nous positionnons comme *victime*, et si la situation nous plonge dans une souffrance où nous perdons tout moyen de faire face à *notre agresseur,* nous sommes dans une posture de régression. Nous sommes dans l'état du Moi du petit enfant ou bébé, d'où la perte de moyen et de défense même pour *l'adulte* d'aujourd'hui.

Les comportements de notre *agresseur* réactivent en nous des scénarios de souffrance et de mal-être qui nous plongent dans des blessures anciennes. Si nous restons dans cet inconfort relationnel sans rien dire, nous continuons inconsciemment d'approuver ces comportements et attitudes. Ainsi, notre blessure psychologique reste non résolue et toujours aussi vive.

Par ailleurs, si nous sommes conscients de cette souffrance et de ce mal-être dans la situation donnée, nous pouvons également décider de la changer.

Quelle est la clé pour se libérer de cette souffrance?

Il faut aller au cœur de cette souffrance, à la rencontre de

nos manques et de nos besoins, de cette histoire qui se réactive

à chaque fois à notre insu.

La plupart du temps, nous y trouvons les besoins d'amour et d'appartenance, ceux d'être respecté dans l'intégralité de ce que nous sommes, la valorisation et la reconnaissance en tant qu'être unique ; besoins non satisfaits et non pris en compte durant notre enfance et lors de notre développement psychophysiologique. Dans cette démarche de libération et de volonté de changer, nous reconnaissons les besoins non satisfaits. La reconnaissance de ceux-ci donne le droit d'exister et d'être satisfait.

La seconde étape de libération est de créer une occasion symbolique ou réelle pour verbaliser notre souffrance et énoncer nos besoins aux personnes concernées (si elles ne sont pas présentes, il est possible de les faire venir symboliquement).

En verbalisant cette souffrance et l'état émotionnel dans lequel nous nous trouvons, nous sommes déjà sur le chemin de la libération de cet emprisonnement réactionnel et de cette blessure du passé.

Si vous vous mettez à l'écoute de la blessure qui s'est réactivée en vous, vous vous donnez la possibilité de grandir dans cette situation et de sortir d'un état réactionnel inadapté pour aller vers un comportement d'adulte libre. *C'est tourner la page.*

En se positionnant en adulte responsable et autonome dans sa façon de penser et d'agir, vous adoptez un comportement sain et guérisseur de votre Moi. Ainsi, vous ne subirez plus d'attaques inappropriées venant de personnes en position de persécuteur.

Dans cette nouvelle posture d'adulte et non de petit enfant, vous affirmez votre valeur, votre unicité, votre liberté de penser et d'agir. Vous choisirez librement de créer votre vie et de construire des relations plus authentiques en accord avec la personne que vous êtes devenue aujourd'hui.

Notre chemin de vie et les valeurs familiales

Comment se détacher d'une lignée ou d'une appartenance à des valeurs
qui ne sont pas les nôtres?

Avec un besoin réel d'appartenance et un besoin vital d'autonomie, comment faire
pour nous sentir authentique et libre de créer notre propre chemin de vie ?

Depuis notre conception et jusqu'à notre dernier souffle, nous portons un nom nous
reliant à nos parents, à des coutumes ou à des ancêtres que nous n'avons guère
connus.

Appartenir à une famille, à un pays, à un milieu social pour être dans une continuité
des traditions et de mœurs, nous enlève un peu de liberté et d'authenticité.
Avec l'âge et une certaine maturité, une question se pose : *Comment se distinguer et
vivre sa propre vie sans pour autant se couper des siens ?*

Leurs valeurs ne sont pas forcément les nôtres, et parfois elles se heurtent à nos
inspirations les plus profondes.

Sur le chemin de la liberté, notre Etre doit faire des choix, non par obligation,
mais de vrais choix de cœur et de respect de celui que nous sommes devenus
aujourd'hui.

Faites, vous aussi, votre choix en cultivant les valeurs qui vous sont chères et
apprenez à vous défaire de celles qui ne font pas partie de votre vision de la vie.

Que des illusions....

Nous vivons dans un monde enfermés par nos illusions personnelles... Nous croyons à la permanence de nos relations... Nous croyons posséder ce que nous avons pour toujours... De la même manière, nous enfermons l'autre dans nos illusions. Nous pensons qu'il fait partie de ce que nous avons *acquis* et qu'il s'inscrit donc dans notre idéal de vie.

Le couple est fragile, dit-on, le couple est instable !

En réalité, ce qui est instable, fragile ou perdu, sont nos concepts du couple qui s'écroulent quand nos croyances que nous avions en lui s'avèrent fausses...

Nous avons tous des idées préconçues sur la manière dont un couple doit fonctionner, se comporter ou encore, comment il faut aimer et être aimé... Il n'y a là plus aucune place pour l'individu proprement dit.
Nous oublions que chacun d'entre nous a besoin d'exister en tant que personne dans son individualité à l'intérieur du couple comme à l'extérieur.
Ainsi, lorsque le concept du couple s'écroule, nous nous trouvons démunis, vidés de sens, nous ne voulons plus exister, n'avons plus goût à la vie ; simplement parce qu'en dehors, nous ne savons plus comment exister.
Or, le couple réunit simplement deux êtres liés par l'amour, le respect et tout ce qui repose sur la liberté d'exister en tant qu'individus libres et autonomes de penser et d'agir selon sa propre vision et réalité intérieure...

Enfin, déposons nos concepts et nos croyances du couple pour vivre pleinement le bonheur d'être ensemble !

La sereine attitude

La sereine attitude ne s'acquiert pas mais se vit depuis son monde intérieur.

Elle s'installe en nous comme un fleuve tranquille et paisible et, quand sur son chemin, il rencontre des obstacles et des pierres rocheuses, l'essentiel est de nous arrêter un moment, de les observer, de les laisser aller, d'accepter que ce soit ainsi.

Combattre et s'opposer aux obstacles sur notre chemin, c'est les renforcer et les faire durer dans le temps. Alors, observons et accueillons ce qui se présente dans le calme et la confiance.

Prenons ce qui est à prendre et laissons ce qui doit partir et rester dans le passé.

Il faut faire le deuil de ces illusions et ces croyances qui nous retiennent et nous emprisonnent. Il faut ouvrir notre cœur, nos yeux et accepter d'avancer.

La sereine attitude repose dans la paix intérieure et se nourrit de la confiance et d'un nouvel espoir.

La sereine attitude ne s'acquiert pas, elle se vit depuis son monde intérieur.

Ne t'arrête pas...

Ne t'arrête pas sur ton chemin et ne tourne pas la tête,
Ne t'arrête pas quand on ne croit ni en toi ni en tes rêves,
Ne t'arrête pas aux peurs des autres et à leurs croyances limitantes,
Ne t'arrête pas sur ce que l'on dit de toi.

Quand la vie te semble triste et dépourvue de lumière,
Quand la vie ne t'apporte que des galères,
Quand au lever le matin, tu manques de perspectives nouvelles,
Quand tu ne vois pas le bout du tunnel.

Ne t'arrête surtout pas de croire qu'un jour meilleur viendra,
Ne t'arrête pas de croire que tu peux dépasser ces moments-là,
Ne t'arrête pas de croire en tes rêves les plus chers,
Ne t'arrête pas de croire que tu en as le droit,

Continue de suivre ton chemin...

Tes rêves commencent à se réaliser là où tu laisses les croyances du passé,
Là où les autres se sont arrêtés, où ils avaient échoué...
Tes rêves commencent à se réaliser dès que tu décides de changer !
Libère-toi des chaines du passé

Et fais de la place à qui tu es !!!

Quand la vie t'offre un cadeau

Quand la vie t'offre un cadeau,
Ouvre grand tes bras.
Accueille ce qui vient à toi,
Naturellement et dans la joie.

Quand la vie t'offre une présence,
Une lumière sur ton chemin,
Saisis-la à deux mains,
Serre-la fort contre ton cœur.

Quand la vie te présente des possibilités nouvelles,
Quand elle te pousse vers l'avant,
Sois présent à toi-même
Montre-lui qui tu es maintenant.

Avance dans la confiance,
Abandonne toute peur et pensée négative,
Sois merveilleux tel que tu es
La vie t'aidera pour le reste.

Quand ton cœur est heureux,
Quand tu as envie de chanter,
Quand le sourire illumine ton visage,
Laisse-toi aller dans cette mouvance

Et remercie la Vie pour ce cadeau d'être en vie.

Eveil et spiritualité

Est-ce une voie naturelle ou une quête identitaire?

Tout le monde parle d'éveil ou de spiritualité,
Tout le monde se pense éveillé ou conscient.

L'humain est dans cette quête d'une
nouvelle identité,
alors que l'actuelle en souffre,
ne se sent pas existée.

En quoi ce besoin d'aller méditer,
En quoi cette aspiration à
s'éveiller ?

L'humain aspire à plus de sérénité,
A plus d'amour et de respect...
Alors qu'il est incapable de rencontrer son actuelle identité.

Comme dans toute quête identitaire,
Vit celle de la spiritualité,
Que l'on se croit un Etre
Spirituel,
qu'on le soit ou pas,
le plus important est d'assumer

ce que nous sommes dans le présent.

Dans la méditation, nous cherchons le silence,

Un silence plein ou un silence vide.

Dans la méditation nous nous ressourçons,

Mais comme toute chose pratiquée à l'excès,

Nous risquons de nous déconnecter de la réalité,

De fuir ce qui est en refoulant nos colères, nos

rages, nos peurs les plus profondes et anciennes.

Alors, qu'est-ce qu'un Etre spirituel ?
Qu'est-ce qu'un Etre éveillé ?

Si ce n'est pouvoir se donner une nouvelle image
de Soi ou une nouvelle identité.
N'est-il pas plus important de rester humain avec nos émotions de chaque instant ?
De pouvoir vibrer à l'unisson avec la réalité en étant bien ancré dans l'ici et
maintenant ?

Cette nouvelle quête de soi vivra tant que l'objectif ne sera pas atteint ;
la frustration et la colère le resteront aussi.

C'est une quête qui ne sera jamais satisfaite et
aussi parfaite que nous la souhaitons.
C'est une quête égotique qui peut en devenir un projet pour la vie,

Une obstination à devenir quelqu'un d'autre,
différent de qui nous sommes.

Une incompréhension humaine,
Une âme qui se cherche,
Un égo puissant qui étouffent l'existence même.

Qu'est-ce que la spiritualité ?

Est-ce une nouvelle image de Soi que l'on souhaite se
donner?

Ou est-ce la fuite de qui nous sommes?
C'est un questionnement aux multiples réponses,
Mais à chacun de nous de trouver les siennes...

Ces croyances qui nous enferment dans le mal-être, la non-existence et la souffrance psychologique.

Comment y voir plus clair et comment s'en défaire?

La croyance est une forme de pensée qui vit en nous, née dans notre mental et dans notre corps. Elle a tendance de faire surface lorsque nous vivons une expérience qui menace notre sécurité intérieure et notre zone de confort.

Cette croyance a une fonction précise qui, bien souvent, sert à préserver un pseudo-équilibre psychologique. Que ces croyances entretiennent un mal-être ou de la souffrance, il est évident qu'en y adhérant, elles ont un grand impact sur nous. Elles nous mettent dans la posture de fuite du moment présent.

Elles viennent limiter nos ressources intérieures et nous empêchent de déployer une responsabilité à 100% créatrice dans l'expérience que nous sommes en train de vivre.

Les croyances reçues durant notre enfance, celles de nos parents, du système éducatif ou des croyances d'une société limitent notre capacité de penser et nous empêchent de nous réaliser en tant qu'individu libre et unique ayant toutes les ressources nécessaires pour le faire.

Pourquoi alors adhérons-nous à ces croyances si elles sont néfastes pour notre développement et croissance personnels ? Sommes-nous tout simplement conscients de leur existence ?

Nous y adhérons sans sourciller puisque nous n'avons jamais appris à les reconnaître, à les questionner, à les remettre en question ou à faire différemment de ce que nous avons reçu comme schéma de pensées.

Si nous souhaitons en prendre conscience, il est nécessaire de développer un

observateur neutre et bienveillant qui aura la capacité de prendre conscience de nos comportements, nos pensées et des croyances qui en découlent. Nous avons la possibilité de poser une intention de vigilance et de curiosité sur nos schémas de pensées, les idées reçues et sur tout ce que l'on croit sans savoir pourquoi.

Dans cette ouverture d'esprit, nous pouvons nous observer et apprendre à questionner les croyances qui nous limitent et celles qui nous déconnectent de la réalité.

73

Ces croyances que nous avons pour habitude d'entendre, renforcées par nos expériences et entretenues depuis l'enfance, seront difficiles à quitter. Elles font partie intégrante de notre vie, de nos échecs ou de nos réussites.

Des croyances telles que : *je ne réussis jamais, je ne peux jamais accepter telle ou telle chose, je suis un pauvre homme qui gâche la vie des autres, je suis incapable, je ne mérite pas le bonheur, je suis nul, je ne mérite pas d'être riche, je ne trouverai jamais l'âme sœur ...* Cette liste est bien évidemment non exhaustive !

Bien que toutes ces croyances aient une fonction (et à chacun de trouver celle qui correspond à son schéma de pensées), elles sabotent notre vie, la rendent difficile, éprouvante et limitative.

Essayez maintenant de faire l'exercice suivant : Transformez chaque croyance limitative en une phrase permissive et positive.

Par exemple, au lieu de dire, *je ne mérite pas le bonheur,* dites simplement, *je mérite le bonheur ; Je ne réussis jamais deviendra je réussis facilement....*

Prenez le temps de répéter ces nouvelles phrases positives, tel un mantra, plusieurs fois par jours pendant 21 jours. La répétition s'inscrit dans la durée pour aider la création de nouveaux schémas neuronaux afin de remplacer les vieux schémas limitants.

Il existe également des croyances qui nous déconnectent de la vie présente pour éviter la souffrance, la douleur ou pour nous apporter, soi-disant, un mieux-être... Il est également intéressant de questionner ces croyances dans une démarche d'écoute bienveillante.

Pourquoi croyons-nous à la vie après la mort ? En quoi notre vie antérieure est-elle plus riche, plus intéressante que notre vie dans l'ici et le maintenant? Qu'évitons-nous de vivre quand nous adhérons à cette pensée ou cette croyance ? Quelle émotion se cache derrière cette croyance, quel besoin...? Est-ce une façon pour nous d'éviter la douleur, de faire un deuil ? Est-ce une stratégie psychologique pour ne pas se responsabiliser dans ce que nous vivons maintenant ? Est-ce pour ne pas nous ancrer dans l'ici et le maintenant...et de cette façon de pas être en lien avec l'autre ?

Dès lors que l'on ouvre un espace de questionnement intérieur sur nos croyances, à chacun de nous d'écouter la réponse qui émane du cœur et de prendre conscience de l'existence des bénéfices secondaires liés à ces croyances.

Comment vous sentez-vous ? Vous sentez-vous porter par une énergie positive et l'envie de croire que c'est possible ? Ou est-ce que la croyance limitante persiste en vous renvoyant à vos anciens schémas de pensées et expériences passées ?

Comme c'est difficile, me direz-vous. Et si je vous disais que ce n'est pas si compliqué ?

Il vous faudra simplement d'un peu d'entrainement pour créer une nouvelle façon de penser, bien plus en accord avec vos besoins et la vie que vous avez envie de vivre.

Vous pouvez commencer par être bienveillant avec vous-même et vous autoriser à être qui vous êtes vraiment. Ecoutez-vous davantage, écoutez ce dont vous avez besoin. Félicitez-vous, encouragez-vous, remerciez-vous !
C'est un bon début pour faire de votre vie une priorité.

Prenez votre responsabilité créatrice et transformez votre existence.

Soyez doux avec vous-même et remerciez également vos croyances de vous avoir apporté un certain réconfort à un moment donné, ou une certaine sécurité intérieure. Et lorsque vous vous sentez prêts, vous pourrez vous séparer de ces croyances qui vous limitaient et vous empêchaient d'avancer dans la vie.

Ancrez-vous dans le moment présent.
Apprenez à vous séparer de vos croyances et de vos vieux schémas limitants. Ainsi, vous vous donnerez l'opportunité de poursuivre votre croissance personnelle, de cultiver votre joie de vivre et la capacité de vous réaliser pleinement dans la vie.

Cet écrit sur nos croyances reste une invitation pour une nouvelle ouverture d'esprit. Le seul guide que vous puissiez écouter est celui de votre cœur et la clairvoyance de votre esprit.

Je me trouve devant un questionnement

Je me trouve devant un questionnement,
Un choix doit être fait.

Une partie de moi a besoin de vivre la liberté
Et une autre aspire à rester reliée.

Je me sens démunie devant un tel dilemme,
Qui me pousse à faire un choix.

Qui choisir, quelle partie de moi écouter?
Puis-je réconcilier les deux à la fois?

Tout se bouscule dans ma tête.

Je prends un instant pour me poser calmement,

Pour écouter ces deux parties qui me parlent en même temps.
Je pose mon regard bienveillant vers celle
qui ressent ce grand besoin de liberté.
Qu'est-ce que veut dire pour elle se
sentir libre ?
Comment exprime-t-elle son envie ?
Est-ce se sentir libre dans sa vie personnelle, libre d'écouter ses besoins
profonds ?
Est-ce se sentir libre dans la société actuelle d'exercer une activité qui lui
plait ?
Que représente pour elle la liberté et comment la voit-elle se manifester?
(*A vous de jouer pour vos questionnements intérieurs et écoutez
les réponses qui se présentent à vous*).
Alors, je me pose et j'écoute sa réponse, une réponse qui vient
d'une source profonde.

Elle me dit:

« Sois toi-même et libre de tes actes, tes pensées et tes paroles ».
La liberté, c'est se donner le droit d'être tel que l'on est, de faire
tomber son masque, sa carapace et pouvoir se montrer aussi dans
sa vulnérabilité. »

Alors, soit!

Je décide d'être telle que je suis et je m'autorise à mettre en lumière ma vulnérabilité
et ma grande sensibilité. Puis, tranquillement, je me tourne vers cette autre partie de
moi qui aspire à rester reliée.
Que veut dire "être reliée" pour elle ? A qui, à quoi et comment, le voit-
elle ?
J'accueille, en silence, les réponses émergeantes de son besoin
qui est de se sentir relié à Soi en toute circonstance,

d'être dans une relation intime d'authenticité, d'écoute et de présence,
même lorsqu'elle se sent dépassée par sa vulnérabilité.

Comme suite à cette demande, j'ouvre en moi un espace infiniment bon et
bienveillant,
Pour y accueillir ma souffrance, dans ma vulnérabilité la plus vibrante, pour ensuite
accepter et accueillir toute celle qui vient de l'extérieur,
Qui trouve en mon silence l'acceptation, la légèreté et la paix intérieure.

Un rêve troublant

Un rêve troublant,
Un rêve puissant,
Parlant de disparition,
de mort et de pardon.

Un rêve terrifiant

Comme la mort du vivant,
S'empare de toi et te prend
depuis l'intérieur.

Un rêve dans lequel tout est vrai,

Que le rêveur s'imprègne de cette réalité,

N'étant pas conscient que ce n'est qu'un
rêve,
Il vit tout intensément.

La partie visible et invisible de l'iceberg

Entre conscient et inconscient,
je rêve les yeux fermés,
mais je rêve aussi les yeux ouverts...
J'observe dans mon Etre intérieur
une douleur et une frustration
ancienne,
la pesanteur de celles-ci
entrainant des réflexions lointaines.
Dans mon rêve la nuit,
je rencontre ce qui s'est enfuit
du présent trop pesant.
Dans la nuit, je rencontre l'émotion

qui a été sagement refoulée
par peur d'être exprimée.
Je rêve les yeux fermés

mais je rêve aussi les yeux ouverts.

Quand je suis réveillée, je reste encore
endormie,

puisque l'inconscient opère sa force sur ma
vie.
Je compose avec des parties conscientes
et inconscientes.
Elles sont là à tout moment.

Et quand l'inconscient me parle,

c'est parce que mon âme est prête à l'entendre.
Une partie de plus de l'iceberg se lève
pour éclairer la conscience modeste.
Je rêve les yeux fermés
mais je rêve aussi les yeux ouverts...

Pourquoi te caches-tu derrière cette image?

Pourquoi te caches-tu derrière cette image?
Qui cherches-tu à tromper ?
Ressens-tu de la peur de voir qui tu es ?

Peur de rencontrer la vérité ?

Un masque et mêmes plusieurs,
composent avec nous au quotidien.
Comme si, sans nos masques et nos costumes,
nous nous sentions nus et démunis.

Tu dis *bonjour* à ton voisin,
lui aussi se tient distant.
Tu marches dans la rue peuplée
de gens vêtus de masques figés.
Quelle tristesse et quelle tragédie humaine
de voir que nous sommes ainsi construits
par des habitudes et des réflexes
soit-disant pour mieux nous protéger.

Mais se protéger,
de qui et de quoi ?
En enfilant nos masques et nos costumes,
Nous nous protégeons que de nous-mêmes,
de notre vraie nature,

de cette peur de voir qui on est.

Si nous ne sommes pas en lien
avec nous-mêmes,

avec notre nature profonde,

sans nos masques et nos costumes,

comment atteindre et voir l'humain en l'autre,

si nous sommes incapables de nous voir et de nous accepter tels que nous sommes ?

Une rencontre merveilleuse

Je suis la plus heureuse des femmes
Quand je rencontre l'humanité en l'autre.

Je suis la plus heureuse
quand je lui propose une
rencontre humaine et
authentique.

Deux êtres qui parlent vrai,
de leurs joies et de leurs peines.

Deux êtres en lien,
dans une présence véritable.

Ainsi se font mes rencontres,
elles sont vraies et
merveilleuses.

Ainsi, je cultive en moi
la présence véritable et le lien à l'autre.

Quelques dictons à méditer

« L'apaisement et la sérénité ne sont pas des objectifs en soi. L'apaisement et la sérénité sont le résultat d'un cheminement vers soi. Un cheminement vers soi, à la rencontre de notre passé, de nos peurs et de nos angoisses, de nos croyances et de nos illusions. Dès lors que ces derniers sont conscientisés, pacifiés et acceptés, la paix et la sérénité s'installent naturellement en nous ».

....

« Le courage est un moyen efficace pour vaincre l'angoisse et l'état d'indécision ».

....

« La clef de la réussite repose dans la faculté de nous réinventer à tout moment ».

....

« Reconnaître et accueillir notre vulnérabilité permet d'accueillir celle de notre prochain ».

....

« Qu'est-ce que la permanence ?

La permanence est une illusion de l'égo qui s'inscrit dans le désir de maintenir un état d'être, une situation ou une réalité dans le temps sans que cet état, cette situation ou cette réalité subissent des changements ».

....

« Les pensées magiques de l'enfant intérieur peuvent soulever des montagnes. En revanche l'adulte, les soulever, doit composer à la fois avec les pensées magiques, son courage et son action expressive dans le présent ».

*Avec la participation de Marie-Christine BAILLEUL, écrivain public, pour la correction.